DISCOURS
SUR LA SITUATION
POLITIQUE
DE L'EMPIRE FRANÇAIS,

Prononcé à la Société des Jacobins, à Paris, par PHILIBERT SIMON, Vicaire Épiscopal à Strasbourg, Député des Jacobins du haut et bas Rhin, à la Société Mére, et dont elle a arrêté l'impression, le 30 Avril, l'an IV de la Liberté.

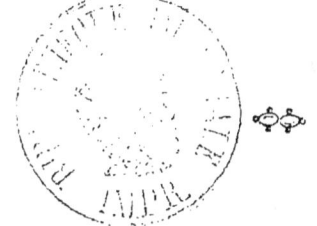
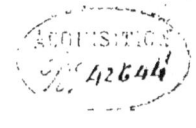

A PARIS.

De l'Imp. de MAYER & Compagnie, rue St. Martin, N° 219, presque vis-à-vis la rue Maubuée.

DISCOURS
SUR LA SITUATION
POLITIQUE
DE L'EMPIRE FRANÇAIS,

Prononcé à la Société des Jacobins, à Paris, par Philibert Simon, Vicaire Épiscopal à Strasbourg, Député des Jacobins du haut et bas Rhin, à la Société Mère, et dont elle a arrêté l'impression, le 30 Avril, l'an IV de la Liberté.

Présidence de M. la Source, Député à l'Assemblée Nationale.

Je préviens qu'il n'entre rien dans cette Dicussion que je n'aie cru appartenir à la chose publique, et à la nature de l'objet dont je vais parler.

Quand on veut émouvoir ou persuader, rien n'empêche qu'on emprunte tout l'extérieur du geste et de l'expression; mais l'hom-

A

me qui parle en public, et qui ne doit convaincre qu'après avoir démontré, je voudrois, s'il étoit possible, qu'on ignorât jusqu'à son état, son nom, ses moyens, ses rapports, son influence sociale ; qu'on oubliât même, pour un moment, ses vertus; qu'on apperçût de lui que sa voix, crainte d'être dupe de la confiance qu'il auroit quelquefois mérité, du talent qu'on lui suppose, et de ces émotions, souvent mensongères qui, pouvant s'appliquer à l'erreur comme au vrai, s'emparent dans tous les cas de la sensibilité du foible, et, souvent, sans rien dire à sa raison.

Il est donc enfin arrivé, ce moment terrible, provoqué à si grands frais par la cour des Thuileries, et les agens d'un Roi, *soi-disant*, Constitutionel des Français : ce moment où, par une contradiction des plus alarmantes, pour le succès, les Citoyens vertueux seront conduits à la conquête de la Liberté par les suppots de l'ambition, et recevront des intrigans et des ennemis de l'égalité, la désignation des victimes qu'ils devront immoler à son triomphe.

O vous ! hommes corrompus et corrupteurs, qui avez influencé d'une manière si funeste la vieillesse de l'Assemblée Nationale Constituante ; vous le saviez assez, que le despotisme ne se soutient que par l'avilissement des esprits ; que rien n'est facile comme de diviser et de surprendre les Citoyens dénués de principes, et que, dès lors, leur opinion appartient nécessairement au premier intriguant qui voudra s'en saisir : vous le saviez, que l'homme peu instruit est tout habitude, usage et instinct; qu'en affaires politiques et religieuses, comme en toute autre, il ne peut, ainsi que les gens les plus sensés, prononcer sur la nature des choses que d'après l'idée qu'il en a; que ses premiers précepteurs en ce genre, étant ses tyrans, il étoit conséquemment impossible qu'un prêtre avare et soudoyé lui promît l'espoir d'un bonheur éternel, qu'à la suite d'une abnégation absolue de sa raison, de sa personne et de ses biens en ce monde; et qu'un intrigant ambitieux travaillât jamais de bonne foi à la gloire et à la prospérité de la Nation, autrement que pour en faire l'échafaudage de son intérêt personnel et de son triomphe particulier.

Vous aviez senti cette toile invisible qu'avoient étendue le despotisme et la superstition sur l'œil moral du genre humain; vous aviez vu cette tache générale sur la raison, l'expérience vous avoit appris qu'elle ne s'en va qu'à force de la frotter, et vous n'avez rien fait pour la faire disparoître; tous vos projets d'instruction et d'éducation publique sont restés enfouis dans la poussière des Comités négligens, lâches ou traîtres à leurs devoirs; vous avez donné des preuves de la plus profonde scélératesse, de l'égoïsme le plus funeste et de la corruption la plus scandaleuse, dans un poste où la Nation vous avoit élevés pour y développer toute son énergie, et ployer la grandeur factice des tyrans sous l'indépendante majesté des Peuples libres; et alors, le peuple ne pouvant pas méditer par lui-même les grandes bases de la Révolution, n'en peut conséquemment ni suivre ni calculer les effets ; il reçoit sur parole l'opinion qu'il doit prendre des principes dont les conséquences se dévelopent sous ses yeux, et prononce sans estime sentie sur le degré d'intérêt que mérite une action dont il ne connoît que l'écorce, ou très souvent encore, la face hipocrite qu'on veut bien soumettre à ses yeux.

Le peuple, dans cette position, eh ! plût au Ciel, qu'il voulût bien la méditer, est un pupile dont le tuteur ambitieux, puissant et rusé pourroit facilement dilapider l'héritage, en feignant d'introduire dans sa gestion un mode d'administration, en apparence, plus franche, plus économique et moins compliquée. Dans un pareil état de choses, qui est une tentation perpétuelle pour les administrateurs, il faudroit une vertu peut-être supérieure à celle des anciens Grecs, pour ne prévariquer jamais : et s'ils sont rares ces hommes de notre révolution, qui ont travaillé pour la prospérité publique, même en la faisant servir à leur triomphe particulier, combien sont-ils plus précieux, et à quels hommages n'ont-ils pas droit ces hommes extraordinaires dont je ne puis caractériser ni le génie ni les vertus, mais qui laissent dans leur siècle des traces profondes de leur intrépidité et de leur désintéressement ; un Robespierre, un Péthion qui, isolant leurs personnes de la cause commune, excepté dans les cas où elle est en danger, ont subordonné tous leurs plans, je ne dis pas au plus grand avantage, mais au *seul* avantage du peuple.

Je dis, MM., ce qui a conduit la Nation

à la crise désastreuse qui l'agite, parceque tous ses malheurs, provenant de sa trop grande confiance, qu'une ignorance générale rendoit nécessaire, il importe, sur-tout aujourd'hui, de nommer ce fléau qui a tant fait de mal à l'espèce humaine, et de travailler enfin efficacement pour le proscrire.

Si l'Assemblée Nationale Constituante s'étoit dabord occupé du grand besoin qu'avoit le peuple d'être instruit; si elle n'avoit pas oublié sa grandeur, ses devoirs et ses droits; si elle avoit frappé sans pitié les premiers traîtres à l'État; si elle avoit été dabord moins généreuse que juste : si la naissance de sa liberté n'eût pas été accompagnée d'orages, entourée de tant de pièges et si contrariée, il n'existeroit pas aujourd'hui, entre le Peuple et la Constitution, cette multitude de trames ourdies par la perfidie, et cette immensité de canaux inconnus qui exportent habituellement sa substance, et nourrissent ainsi les traîtres à la chose publique et les partisans des rois. On ne verroit pas tant d'abus énormes forts de leurs suppôts, de leur antiquité, de l'ignorance générale, et de la foiblesse du peuple, rugissant tous autour des loix dans une attitude faite encore pour intimider le patriotisme naissant, et jetter de l'obscurité sur les bienfaits réels de la Constitution : on ne la verroit pas aujourd'hui entourée des éclairs du désordre, de divisions, de frayeurs, et de tous les monstres qui environnoient son berceau, par la faiblesse et la connivence de ceux qui devoient nous la transmettre purgée des sacrilèges du fanatisme, guérie des morsures des envieux, parée de la confiance universelle et dépouillée de tous ses orages.

Mais enfin, puisque la guerre est déclarée, il est de la dignité et de l'intérêt du Peuple Français, de la soutenir de manière à faire perdre pour toujours aux tyrans l'envie de se mesurer jamais avec la bravoure d'un Peuple libre; et d'ailleurs, le cours actuel de nos affaires, notre situation mal prononcée, les suites funestes d'une indulgence trop long-tems prolongée; une perspective plus alarmante encore; le vœu de la Nation, moitié séduite, moitié irritée, n'en établissent que trop la nécessité.

Le Peuple Français ne veut rien changer à sa Constitution, ou pour m'exprimer d'une maniere plus claire et plus sûre, le Peuple Français veut *absolument vivre libre ou mourir*. Il doit donc défendre sa Constitution dès qu'elle est attaquée; c'est à la-fois son intérêt et son devoir; et la preuve qu'il en mérite les bienfaits, c'est le serment qu'il a fait de ne reconnoître d'autres ennemis que ceux de sa liberté.

Que cette déclaration a dû paroître neuve chez les rois! Combien elle déploie de grandeur! et qu'il est vertueux et pacifique le langage des Nations!

La guerre que nous devons faire est celle de la vertu contre le vice qui veut l'écraser; c'est donc une guerre de Nation à Brigands forts de leur nombre dans l'intérieur, des divisions qu'ils y sement parmi les bons Citoyens, et de l'appui au dehors de quelques princes qui se trouvent avec eux en ressemblance de crimes et de projets; et il est très certain que si nous continuons à recevoir leurs morsures, sans nous en venger, leur insolence s'accroîtra en raison de notre coupable indécision. Abreuvés et nourris du sang qu'ils nous sucent, il ne faut pas croire qu'il périroient à la longue par lassitude ou faute de moyens, parceque le tube qui les leur transmet aboutit sous un réservoir immense, dans lequel la Nation verse par torrens, sans qu'elle ait encore pu découvrir entièrement les canaux secrets qui le dessèchent.

Il faut donc que le peuple se leve, qu'il prononce hautement qu'il veut la paix dans l'intérieur et sa liberté, et qu'il frappe impitoyablement d'un glaive exterminateur toutes les voix discordantes à ses prétentions.

Il faut une explosion générale, une commotion universelle qui, sortant les hommes et les choses de leurs places ordinaires, change toutes les relations, rompe tous les fils de la connivence et de la complicité, atteigne toutes les trahisons dans leurs principes et anéantisse jusqu'à la possibilité d'en reproduire jamais les horreurs: nous avons, en allant à ce combat, les vœux de tous les peuples, nos victoires seront les leurs; et leur bonheur commencera par la certitude du nôtre.

Il faut donc faire parvenir à toutes les Nations qui nous avoisinent la pureté de nos intentions: les intrigans et les despotes s'accusent réciproquement d'imposture et de trahison dans leurs dépêches; mais les Nations ne se sont jamais trompé; elles ne se soupçonnent pas: l'ame des peuples n'est pas faite comme celle des courtisans et des rois; pure comme la vérité et la vertu, son langage et sa correspondance ne présentent rien d'équivoque; ils n'inspirent que l'amour, la confiance et l'union.

Cependant s'il étoit encore après un manifeste de fraternité et de paix universelle, une coalition de despotes assez puissans pour oser sérieusement mettre en mesure avec les droits de l'homme un rassemblement de machines ambulantes et d'esclaves armés, ne portons pas pour cela nos inquiétudes et notre colère hors des frontières. Gémissons sur le malheur de l'espèce humaine et sur les suites désastreuses de l'ignorance et de la superstition; pleurons sur les victimes que ces deux fléaux immolent, et établissons d'abord par principe d'humanité, et pour économiser le sang du peuple une prime extraordinaire pour le premier citoyen généreux qui osera abattre sans pitié la tête d'un monstre, dont l'ambition voudroit établir le triomphe de ses projets criminels, sur des milliers de cadavres d'hommes innocens et abusés: surtout, et quoiqu'il en soit, tranquillisons-nous pour le triomphe de la liberté au dehors, sur le dévouement des soldats qui ont fait le serment de la défendre, car jamais la France n'en eut en si grand nombre et si dignes de la cause qu'elle leur donne à conserver.

Mais, dit-on, les soldats français sont partagés d'opinion; et dès lors leurs intentions étant mal prononcées, leurs coups seront moins décisifs: laissons nos ennemis prononcer et semer ce blasphème; c'est un malheur qu'ils nous souhaitent, mais que le soldat français devenu Citoyen ne nous a pas mis dans le cas d'appréhender.

Remontez avec moi à ce tems, où le Roi tenoit abusivement dans ses mains tous les pouvoirs cumulés, et laissoit trafiquer capricieusement le sang et l'argent du peuple : qui est-ce qui souffroit le plus, sans espérance de dédomagement et de considération ? le soldat. Qui étoit le moins apperçu dans la répartition des soulagemens et des faveurs ? le soldat. Qui payoit de sa vie les imprudences et les trahisons des chefs ? le soldat. Qui fut toujours fidel au commandement et à l'honneur ? c'étoit de préférence le soldat. Sans cesse dévoué aux intentions de leurs chefs, ils étoient toujours à la hauteur du courage qu'on leur souhaitoit, et pour gagner une bataille, le Général français n'avoit qu'à desirer sincérement la victoire.

En outre, MM., qui a le plus soutenu dès la révolution les chocs de l'Aristocratie ? Qui a eu le plus à vaincre tant dans ses habitudes particulières, que dans les offres insidieux, les propos séduisans, l'influence de la supériorité, la dépendance de la discipline, les menaces et les mauvais traitemens des chefs ? c'est le soldat. Quel est cet ensemble d'hommes qui, collectivement pris, ont le plus promptement déployé le patriotisme et l'esprit national, qui mettent le plus d'importance au mot de Patrie, et qui attachent le plus d'honneur au titre *d'homme libre et de Citoyen Français ?* c'est le soldat. Quel est celui qui a prononcé avec le plus d'ardeur et de sincérité le serment de *vivre libre ou mourir ?* c'est le soldat. Et de tels hommes seroient sensiblement partagés d'opinion ! Ah ! plusieurs de leurs chefs pourroient sans doute s'attribuer cette inculpation, en recevoir tout le flétrissant et l'infamie ; mais les soldats français séparés des aristocrates impurs qui voudroient les séduire, font partie du peuple, et le peuple dans aucun cas ne fut parjure à la vertu ! Comme nous ils sont enfans de la Patrie commune, et s'ils sortent pour la défendre, c'est dans l'intention ou avec l'espoir d'y rentrer couverts de la poussière et des sueurs de la guerre, chargés des lauriers de la victoire et de la paix, pour se délasser ensuite dans les bras de leur femmes et de leurs concitoyens des honorables fatigues des combats, ou pour en laver les blessures glorieuses dans les larmes de la Patrie reconnoissante.

Deux choses servent principalement à tenir le soldat à ce point d'enthousiasme auquel il est si facile d'élever un citoyen français, le motif pour lequel il marche, et le Général qui le conduit : or le motif de toutes les guerres que pourroit entreprendre désormais la France, c'est la défense de sa Liberté politique et civile ; ou, en d'autres termes, le Français ne se battra plus que pour avoir la jouissance paisible de son bonheur, ou pour empêcher qu'il ne lui échappe : le Français arbitrera lui-même s'il veut ou s'il ne veut pas la guerre ; et ne se battra plus qu'au préalable il n'ait déclaré lui-même qu'il veut se battre : ainsi les caprices des maîtresses, les fantaisies orgueilleuses des Courtisans, l'ambition des Généraux, l'avarice des entrepreneurs, les folies d'une Reine, l'orgueil d'un Prince, la jalousie ou l'envie d'un Ministre ne feront plus de manifeste en ce genre.

En second lieu, le Général qui conduit l'armée, est de tous les hommes celui qui peut l'influencer de la manière la plus dangéreuse, ou en tirer le parti le plus avantageux : je n'étend pas mes considérations sur l'organisation de l'armée combinée avec l'ensemble de nos loix ; il eut fallu pour cela un tems que je n'avois pas, des lumières qui peut-être me manquent, et d'ailleurs c'eût été une digression à l'ordre du jour ; mais je pense que si une régénération trés incomplette en ce genre et dans les hommes et dans les choses, ne fournit pas à la Nation la confiance d'avoir en tous cas des Généraux patriotes dignes d'employer et de faire valoir ses moyens, elle nous donne au moins l'assurance que, s'ils peuvent tromper le soldat et l'égarer, il n'est plus en leur pouvoir de le corrompre et de l'asservir ; et tels Chevaliers Français restés dans les rangs des patriotes, et qui se nourissoient du pain de la Nation, pour en trahir la cause et diviser les défenseurs fiers, en tems de paix, de la puissance de la loi qui les protégeoit dans leurs forfaitures secrettes, et de la connivence des Tribunaux qui ne voyoient pas les crimes dont ils étoient souvent les complices ; seront les premiers en campagne à mendier la confiance, le secours et la protection du soldat qui, toujours juste et bon comme le peuple, perdra tout sentiment à leur égard excepté celui de leur parfaite nullité.

Je ne veux pas vous occuper de cette crasse

d'Officiers traitres et infidels qui souillent encore le patriotisme dans quelques Régimens Français : victimes malheureuses d'un sot préjugé ou serviteurs coupables de ceux qui nous haïssent, le tems approche où tous confondus dans la même proscription, et l'Officier abusé et l'Officier traitre et complice, l'un et l'autre seront également compris dans cette tourbe de révoltés contre les droits de l'homme que la Nation veut exterminer, et pour lors toute négligence dans le service, équivoque dans le propos, lenteur en marche, faux rapports en affaire, hypocrisie de conduite, foiblesse d'expression en courage ou signe de découragement, tout sera reputé trahison et puni de mort ; et la main courageuse d'un patriote teinte du sang d'un faux frère, débarassée de tout motif de défiance n'en deviendra pour l'ennemi que le signal plus effrayant d'un bras exterminateur.

Mais nos ennemis sont de deux espèces ; les uns nous insultent au dehors, les autres nous inquiètent au dedans et nous déchirent : ils se ressemblent tous, il est vrai, dans les motifs, qui les mettent en action, ils veulent tous l'anéantissement de la constitution ou de l'empire, cependant leurs armes également meurtrières et dangereuses sont de forme absolument opposée et leurs attaques ne se ressemblent pas.

Ceux qui sont au dehors nous menacent visiblement d'un fer affamé de chair d'hommes libres ; la main du crime le tient, et son caractère essentiel est de frapper tout ce qui ne lui ressemble pas : il est donc nécessaire d'aller égorger cette demi-douzaine de Grands coupables, dont aucune langue ne fournit les mots propres à caractériser les crimes, parceque c'est l'impertinence de ces chefs, la hardiesse de leurs mouvemens, le point de hauteur où sont leurs moyens et leurs espérances qui déterminent en partie l'attitude de nos ennemis dans l'intérieur et l'activité qu'ils donnent à leurs manœuvres ; mais pour cette expédition tranquillisons-nous sur le courage et la vertu du soldat qui s'en est chargé.

Ceux qui sont au dedans composent le foyer de tous les complots contre la Liberté, et sont la source de nos malheurs ; et s'il est essentiel de la surveiller pour la contrarier dans sa course perfide, il seroit plus conséquent encore de la poursuivre dans toutes ses ramifications sur la surface de l'empire et d'en rompre pour jamais tous les rapports : or, MM., le foyer de nos malheurs jusqu'aujourd'hui, je vais le nommer d'un seul mot, c'est la Cour des Thuileries ; et le rapprochement de quelques faits, ne nous permettra plus d'en douter.

N'est-ce pas la Cour qui, dès la formation de l'Assemblée Nationale constituante, en a perpétuellement contrarié l'organisation, la marche, et souvent souillé les décrets ? n'entoure-t elle pas habituellement de ses agens les représentans du peuple pour suspendre leur bonne foi et tenter leur vertu ? n'intrigue-t-on pas pour elle dans tous les Départemens, pour contrarier la propagation de l'esprit public, la Liberté et l'impartialité des élections ? et delà cette nonchalance affectée des corps administratifs qui, pour la plutpart ignorans ou mal-intentionnés, se mettent derrière le char de la Constitution pour en être abrité, mais ne le poussent que très lentement, et même s'y font traîner. N'a-t-elle pas réussi pendant cinq ans à entretenir dans l'opinion et les affaires politiques une indécision désastreuse pour épuiser notre persévérance et nos moyens? N'a-t-elle pas entretenu une correspondance, une harmonie parfaite et visible entre ses parens révoltés et les Princes étrangers qui se coalisoient pour soutenir ses trahisons? N'a-t-elle pas une faction dans le sein même de l'Assemblée Nationale pour en entraver la marche, en souiller les délibérations, en retarder ou en contrarier les décrets? N'existe-t-il pas des agens dans son sens qui président l'agiotage, des émissaires qui fomentent le monopole et préparent le désordre des accaparemens pour conduire le peuple à un réfroidissement inévitable, ou à des divisions qui ralentissent nécessairement le patriotisme de tous ceux que le besoin et la misère forceront à maudire les circonstances qui les affament? N'est-ce pas la Cour qui tient chez les Despotes étrangers des Ambassadeurs ou des Envoyés qui nous ont trompés jusqu'ici dans leurs rapports, ou qui n'en ont point fait? N'est-ce pas la Cour qui en nommant à son gré les Ministres, les Officiers généraux et les commandans de vaisseaux, a porté dans nos Colonies ces désastres irréparables dont les conséquences ont frappé à la fois par une réaction nécessaire sur tout l'empire? N'est-ce pas la Cour des Thuileries qui, voulant essayer de connoître l'opinion nationale sur la guerre a paru céder d'abord au vœu du peuple pour en gêner moins l'expression, et qui interdit ensuite par une proclamation subite toute agression, tant aux chefs militaires qu'aux départemens frontières, parceque les puissances étrangères ne se sont pas reconnues assez fondées en moyens pour se mettre en mesure contre l'ardeur des Français, si généralement prononcée ? N'a-t-elle pas apposé le *veto* sur le décret contre les prêtres réfractaires, pour se ménager un foyer de division dans l'intérieur, sur le décret contre les émigrés, parcequ'elle n'a pu prendre sur elle de proscrire des parens et des amis qu'elle nourrit avec l'argent d'un peuple qu'ils veulent écraser ? N'a-t-elle pas simulé sous le ministère de Louis Narbonne un grand armement qu'elle a suspendu de suite par une proclamation, après avoir obtenu les millions nécessaires pour agir ? N'a-t-elle pas amené le peuple à cette crise qui va le forcer à répandre le sang de l'homme vertueux, pour faire cesser enfin le triomphe de l'intrigue et du méchant ? N'est-ce pas la cour et ses suppots qui, par des dilapidations inouïes, ont nécessité la Nation de se vendre à elle-même pour payer leur friponnerie et leurs scandaleux gaspillages; qui ont soudoyé avec l'argent du peuple ces milliers d'agens dans la surface de l'Empire, pour contrarier l'esprit national et l'étouffer dans son berceau ; qui ont rendu indispensables ces immenses et ruineuses précautions dont la Nation s'est vû contrainte de s'entourer, et qui nous ferons traverser individuellement les landes stériles de l'indigence pour arriver à l'aisance, à l'égalité et à la paix; qui ont ourdi cette trame secrette et générale de trahisons entre les principaux Administrateurs de l'Empire, et qui ne nous laissera surement pas arriver au port, qu'après avoir été battus par les orages et les tempétes? N'est-ce pas leurs complices, qui renvoient en France les assignats dont ils ont nécessité la création; qui les échangent par millions contre notre numéraire, et nous appauvrissent en nous insultant? Ne sont ils pas les motifs et les véhicules de roi à roi, pour tous les projets sanguinaires, où les Nations sont désignées comme victimes? N'entretiennent ils pas l'aristocratie dans l'intérieur? N'est-ce pas pour eux qu'elle y complotte et qu'elle y trahit, que la supertition court les rues, devance la vérité chez les âmes foibles, et leur donne ce poignard religieux, dont elle dit l'usage être un héroïsme de conscience? Je vais découvrir l'influence terrible des suppots du dépotisme religieux, vivants au milieu de nous, mais entouré d'une majorité imposante et sous l'œil inflexible de la Loi; ils se cachent parmi nos préjugés et nos indécisions pour les épier, se mettent entre l'ignorance de l'homme foible et son cœur crédule; nuancent à leur gré tout ce qui doit l'affecter; et, présidant ainsi ses sensations, savent, par avance, quels seront ses desirs et les passions qu'elles vont lui faire naître : tartufes homicides et rusés, ils obstruent, dans les dupes qu'ils font, toutes les avenues de leur moralité, mettent leur imagination dans un désordre perpétuel, rompent les

fibres

fibres de leur sensibilité, et dès lors l'astre de la Constitution ne peut plus les influencer. Leurs armes perfides, c'est la nouvelle Rome qui les fait fabriquer : trempées dans l'hypocrisie et le mensonge, quand elles sont entre les mains d'un homme habile, vous ne les appercevez jamais; il est déja bien loin de vous quand vous sentez le coup qu'il vous a porté; il frappe à-la-fois l'enfant qui vient de naître, le vieillard crédule et effrayé qui descend dans son tombeau, tous les âges, les deux sexes et tous les tems; et telle est encore son influence terrible, qu'il devance la génération qui va naître, dans celle qui la prépare; et, après avoir immoralisé ce qui existe, il corrompt encore ce qui n'existe pas.

Voilà une seconde espèce des suppôts du despotisme et de la Cour; par tout elle préside les ennemis du peuple et de la vérité. C'est encore elle qui est le point de ralliement de tous nos transfuges; c'est elle qui les reçoit à Coblentz et sur tous les bords du Rhin, qui est la cause des émigrations de conjurés, et des exportations de notre numéraire, de nos provisions et autres effets.

Voyez nos ennemis, ils sont tous les amis les alliés ou les parens de Louis XVI, la même mère en a engendré quelques uns, le même sang circule dans les veines de plusieurs, ils ont été élevés ensemble, avec les mêmes principes, préparés pour la même politique et les mêmes intérets, aux nuances de tempérament près, ils ont tous les mêmes vices et les mêmes passions.

Ah! quand on s'est diverti dans son jeune

B

âge du malheur d'autrui, quand on a bu tranquillement les larmes de l'infortune dans la coupe de la débauche, quand on s'est baigné dans la sueur des peuples sans pitié et sans remord, on a nécessairement l'ame dure, sanguinaire, totalement désorganisée... ou plutôt on n'en a pas; et cette espèce d'hommes, n'eût-elle jamais fait aucun mal à la France, il faudroit encore à l'imitation des anciens héros bienfaiteurs du monde, les poursuivre comme des bêtes féroces et en purger la terre pour lui rendre son repos.

J'ai nommé nos vrais ennemis et le foyer d'où partent tous les malheurs et les persécutions qui poursuivent la Liberté, et tout en laissant le ministère actuel s'occuper à contenir ou à humilier un roi de Hongrie et de Bohême qui n'a d'autre importance que celle qu'il obtient de la mauvaise foi du premier Fonctionnaire public de l'Empire, il faut que le peuple se lève, qu'il erre dans l'intérieur, fort de sa Souveraineté et du sentiment profond de ses malheurs, et qu'il ne s'arrête plus jusqu'à ce qu'il aye découvert cet antre infernal où se préparent les calamités publiques, qu'il en aye dissipé les ténèbres et comblé la profondeur (*).

___

(*) Je dois dire aussi que dans la lutte des Peuples contre les Tyrans, les annales des Empires nous apprennent qu'il se prépare & s'élève ordinairement au milieu de ces crises, de ces convulsions politiques, un troisième parti souvent plus dangereux que celui dont le Peuple veut la dissolution ; il n'a d'abord aucun caractère bien prononcé : son existence & son développement ne peuvent être que le résultat de tout ce que l'ambition & l'intrigue, coalisées, sauront réunir de

Voilà la véritable guerre qu'un peuple peut sanctionner et que la Cour et les amis des rois ne proposeront jamais ; parceque l'ambition, l'intrigue, l'avarice et la cabale étant leur aliment de préférence, la sainte coalition de la vertu qui tueroit tous ces fléaux populaires, ne peut que leur être totalement étrangère. Pour cela, il ne faut ni complot, ni insurrection, ni massacre, il ne faut rien de ce que la Loi défend ; mais il faut *hâter* la propagation des lumières et corriger les

---

moyens, combinés avec l'insouciance du Peuple & la facilité avec laquelle il peut être égaré, à mesure que les perspectives naissent, les plans se développent avec l'espoir, les espérances & les élans d'ambition croissent avec les succès, & le Peuple qui, comme les colosses, ne s'ébranle que par de fortes commotions ; qui ne s'éveille qu'à la suite de ses malheurs, & ne fait jamais rien par esprit de précaution ; ne voit pas, le vît-il même, il ne veut pas prendre sur lui de craindre ce grain noir qui s'avance dans le lointain de l'horison politique à travers les nuages de l'ancien despotisme, qui s'enfuient devant le souffle de la Liberté ; il ne croit pas, qu'après avoir terrassé un ennemi, fort de vingt siècles de triomphe, il existe rien qui puisse provoquer sa colère & toute sa force. Dans cette sécurité le petit nuage se dilate en s'approchant, & ce n'est qu'au moment de l'explosion que le Peuple sans expérience, mais battu par un orage extraordinaire, connoît la nécessité d'employer une manoeuvre plus énergique et plus savante encore que la première, s'il veut se préserver d'un second naufrage : il est donc certain que si le peuple ne surveille pas ses droits, la possibilité de les lui ravir, donnera nécessairement naissance à un grand parti d'intrigants et d'ambitieux qui s'occuperont à le convoiter et si le roi se sépare du peuple, il aura toujours contre lui le peuple qui veut conserver ses droits, et la masse épouvantable d'intriguans qui voudroient s'élever sur ses ruines.

grands torts de l'Assemblée Nationale Constituante à cet égard : il faut solliciter auprès des Représentans de la Nation, une protection spéciale des sociétés de Citoyens dévoués à cette mission seule capable d'éclairer sur l'intrigue et d'économiser le sang des hommes ; il faut confondre avec l'éclair de la lumière les calculs de ces hommes de sang qui spéculent froidement sur les calamités publiques, qui soupirent habituellement après la misère du peuple, il faut démasquer les suppôts de l'affreuse liste civile et tous les malheurs qu'elle enfante, découvrir l'influence terrible de ce genre de corruption ; car il est certain qu'elle est en politique et en morale, pour tous ceux qui s'en sont engraissés, ce que sont la chair de tigre et le sang de lion pour le caractère de ceux qui s'en nourrissent. Ces alimens sauvages passans en secrétion grossière d'après les substances essentielles qu'ils contiennent, engendrent la haine des hommes et la férocité ; et la liste civile, sur tous ceux qui en sont infectés, produit la peste de la pudeur, l'esprit d'intrigue et de corruption, naturalise la perfidie et supprime toutes les vertus civiques et les remords.

Il manque à notre Constitution, pour être solide dans sa base, la profusion des lumières et des bons principes ; et dès qu'elle n'est pas destinée, comme l'évangile, à être cachée pendant des siècles sous l'Autel de la Patrie, crainte que des profanes viennent surprendre les symboles de notre Liberté, en décorer leur bannière et prendre avec nous l'attitude des peuples libres ; elle doit être répandue avec ses explications entre les mains de tout le monde, facile à apprendre et facile à suivre dans son application. Voilà la seule guerre qui peut, sans effusion de sang, sans le concours impur d'un ministère intriguant, assurer efficacement et généralement le triomphe de la Révolution. Il manquera toujours quelque chose à la grandeur d'un peuple, tant qu'elle ne sera pas son propre ouvrage. (*)

Il faut que le soleil brillant de l'union de la vérité et de la paix, fasse totalement disparoître les brouillards de l'ignorance et de la superstition, les vapeurs pestilentielles de l'ambition expirée et de l'intrigue confondue ; car, MM., ce qu'il faut craindre aujourd'hui...... demain...... toujours, ... la crainte qu'il faut transmettre à ses enfans c'est celle d'un cercle d'hommes ambitieux qui venant à séparer leur intérêt du bien général et s'occupant à se reproduire alternativement dans les emplois, finiroient par en déshabituer la multitude et lui feroient croire qu'en France comme à la Chine, il nous faut des *mandarins* titrés, dont l'étude et les fonctions seroient de déchifrer l'alphabet politique et civil de l'Empire.

Il manque encore à notre Révolution des

(*) Je dois dire cependant qu'il ne faut pas confondre les Ministres actuellement en place, avec ceux qu'ils ont remplacé, les espérances qu'ils donnent à la Nation leur méritent une confiance particulière qu'elle doit leur conserver en la mêlant toujours d'une surveillance, de précaution, tant qu'ils resteront fidels aux principes qu'ils paroissent avoir adoptés.

âmes à grand caractère pour la servir : la Nation trouvera difficilement un *Brutus* pour aller au sein de l'Aréopage, poignarder le traître à la Patrie et l'assassin de la Liberté; mais elle n'aura que trop d'*Antoine* et de plats courtisans, pour dénigrer les vues patriotiques des bons Citoyens, et dénoncer à l'opinion publique, comme ennemi de l'humanité, celui qui en auroit exterminé le tyran.

La Nation aura toujours de ces ambitieux qui craignant d'avoir à vtoer pour le bien public avec des hommes que cette sublime passion réchauffe, les dénonceront pour des cervelles bouillantes, des imaginations irréfléchies et en délire, et des patriotes illuminés. Ah ! Citoyens ! ne craignez pas ces hommes qui ne sont transportés hors d'eux-mêmes, que par le bien qu'ils vous souhaitent, leurs ennemis n'ont pas cette foiblesse à se reprocher; ils sauront assez et ils ne sauront que trop contenir cet homme taxé d'être si bouillant, quand ils lui donneront à combattre les sophismes de leur cabale, les trames secrettes de leur intérêt personnel et leur égoïsme glacé.

Guerre aux vrais tyrans et aux éternels ennemis de la Liberté des peuples, l'ignorance, les suppôts de la liste civile et les faux Administrateurs; voilà les monstres qu'il faut poursuivre, combattre et écraser : c'est à cette mission sainte, je le répète, qu'il faut employer les Jacobins de l'Empire, les seuls, peut-être, qui soient les vrais amis du peuple et de l'Égalité. Observez un moment ceux qui les haïssent, c'est les gens à grosses fortunes, amis des anciens privilèges, les cy-devant privilégiés et leurs valets, (il a tant de peine à se tenir dans les bornes louables de la vertu et d'une sage frugalité, cet homme qui a vécu dans la mollesse et la profusion, qui s'est naturalisé avec la bonne chère et la volupté, qu'il ne peut guère s'empêcher de porter de tems en tems le sentiment douloureux du souvenir vers ces jours fortunés où, disposant des ressources immenses, les passions n'avoient qu'à naître pour être contentées ; et alors quels pensez-vous que puissent être ses sentimens sur les Citoyens généreux qui se sont voués à la garde de cette barrière sacrée que la loi a mis entre son état actuel et son antique félicité :) ceux qui les haissent, sont des Administrateurs intéressés qui ont porté dans leur place la nullité et l'ambition des courtisans ; quelques âmes vénales et rampantes qui se traînent après des intrigans plus adroits, et trahissent la cause du peuple en vendant leur conscience et leur opinion ; quelques femmes, la honte de leur espèce, qui, honteuses d'avoir perdu ce qu'elles appelloient leurs gens, s'évanouissent à l'aspect de l'égalité, comme à la bouderie d'un papillon léger dont elles n'ont pu fixer l'inconstance ; enfin une immensité de gens que la Constitution a réduit à une nullité inguérissable, en leur retranchant cette influence arbitraire, et un mérite extérieur que leur supposoient des places dans lesquelles ils n'avoient d'autre occupation réelle, que celle de détruire l'aisance générale, la tranquillité publique, entraver l'activité du peuple ou troubler la paix des familles ; et cette espèce de gens, si le peuple les laissoit tranquilles, certainement aussi les rois ne songeront jamais à les proscrire.

Je le dis à regret, la Constitution est écrite, mais il s'en faut qu'elle soit arrivée dans le cœur des Citoyens avec les salutaires effets qu'elle y doit produire : le peuple a besoin plus que jamais qu'on lui retrace souvent ce qu'il a été, ce qu'il est aujourd'hui et tout ce qu'il pourroit être ; il a besoin d'être frappé par des tableaux énergiques et vrais, et par des signes extérieurs qui lui peignent l'importance de ses droits et celle de ses devoirs.

L'Empire est plein, vous le savez, de traîtres à la Nation qui sement par-tout des pièges et des divisions pour armer les Citoyens contre les Citoyens : il est donc indispensable d'établir des sentinelles vigilantes en proportion des ennemis qu'il faut surveiller, contenir et démasquer. Car, MM. si un Citoyen tombe sous les coups de l'intrigue, de la cabale et de la trahison, sa chûte doit être un Deuil National, chaque Citoyen doit verser sur le tombeau de son frère, une larme brulante de douleur pour exprimer sa reconnoissance et rendre hommage à sa vertu ; mais alors le bon Citoyen n'est pas moins anéanti, l'Aristocratie n'est pas moins triomphante et souillée d'un crime de plus. Il n'est pas moins vrai que notre négligence seule, a laissé ressortir son effet meurtrier au coup qu'elle nous a porté.

Je l'avoue, notre Constitution est faite ; mais semblable à cette colonne superbe et dont le marbre poli résiste à toutes les morsures de l'envie et de l'ambition, il ne faut pas se rassurer, si même on la voit brillante de tout son éclat, dès que ceux qui voudroient la détruire, imitant la Taupe qui ne peut travailler efficacement que dans les ténèbres, comme elle, laissent après eux des traces de leur route souterreine, et nous annoncent qu'ils vont la frapper dans sa base.

Notre Constitution est faite, mais semblable à un édifice immense qui contiendroit les Archives du genre humain et les titres de nos réclamations contre les tyrans, doit-on cesser de la surveiller, quand on voit continuellement autour de son enceinte les torches du fanatisme et le flambeau de la discorde prêt à l'embraser?

Notre Constitution est faite, mais semblable à un vaisseau au milieu des mers, surpris par tous les vents, en but à toute la fureur des flots, conduit par un pilote qui voudroit l'échouer par de fausses manœuvres, et se sauve ensuite sur une nacelle privilégiée, pour profiter du naufrage et s'applaudir de sa perfidie: seroit-il prudent de la part de l'équipage et des matelots instruits du projet de trahison, de descendre au fond de cale, d'y dormir avec sécurité; d'abandonner les ponts, pour rendre plus libre la manœuvre de ceux qui voudroient l'engloutir?

Je finis Messieurs; j'ai voulu prouver que sans la profusion des lumières, sans une surveillance extraordinaire dans ces révolutions générales qui changent à la fois l'esprit et les mœurs des nations, les guerres mêmes les plus heureuses ne font que retarder le triomphe de la liberté : je crois qu'aujourd'hui les sociétés des amis de la constisution, sont les seuls canaux purs qui puissent la transmettre sans souillure: c'est à vous maintenant de solliciter auprès de l'Assemblée nationale, le degré d'inportance et de protection nécessaire, pour qu'elles puissent travailler plus efficacement à l'instruction du peuple.

La Société des amis de la Constitution séante aux Jacobins, a ordonné l'impression de ce discours dans sa séance du 29 mars 1792, l'An IV de la liberté.

Présidence de M. LA SOURCE.

LA SOURCE, *Président.*

TALLIEN, *Président par interim.*

PEPIN, DÉGROUHETTE, DEPÉREZ, *Secrétaires.*

1792.

www.ingramcontent.com/pod-product-compliance
Lightning Source LLC
Chambersburg PA
CBHW060916050426
42453CB00010B/1758